ACTE PUBLIC

POUR

LA LICENCE.

A MON PÈRE, A MA MÈRE.

ACTE PUBLIC

POUR

LA LICENCE,

SOUTENU EN EXÉCUTION DE L'ARTICLE 4, TITRE 2, DE LA LOI DU 22 VENTÓSE AN XII,

Par M. BADUEL (Auguste),

NÉ A LODÈVE (Hérault).

JUS ROMANUM.

De Rei uxoriæ actione.

(COD. L. V, TIT. XIII; — INSTIT. JUSTIN. L. IV, TIT. VI, § 29.)

Jus quo dos regitur ex romanis moribus paulatim natum est. Prioribus Romæ temporibus, cùm mulier viro in manum conveniret, omnia quæ uxoris erant viri fiebant, et uxor nihil aliud exigere poterat ex bonis mariti quam hereditatis virilem partem. Contrà, mulieri quæ in manum viri non conveniebat, nihil quoad bona cum viro commune erat. — Sed deinde, mulier marito dedit, ad sustinenda matrimonii onera, dotem quam ipsa post solutum matrimonium repeteret. Quod jus, moribus introductum et extensum, a prætore sancitum et ab imperatoribus perfectum est. Dotis restitutionem mulieri lex confirmavit, ut rursus nubere posset et liberos Reipublicæ dare. — Constante matrimonio, maritus dotis dominus est. Sed legum subtilitate, uxor aliquod naturale dominium in dotem servat; soluto matrimonio, actionem habet dotis repetendæ.

Cap. I. — *Quis habeat actionem de dote restituendâ.*

Hic differt jus Pandectarum a Justiniani jure :

1. Cùm matrimonium solutum est vivente muliere (seu divortio, seu præmortuo marito), mulier habet actionem ad dotis repetitionem siquidem sui juris sit; quodsi in potestate patris sit, pater ipse actionem habet adjunctâ filiæ personâ (hoc est quòd pater non aliter quàm ex voluntate filiæ dotem petere aut accipere potest, et vice versâ (1); nec interest adventitia sit dos an profectitia (2). Mortuâ muliere, ad ejus heredes actio non aliter competit quàm si maritus in morâ de dote reddendâ factus fuerit.

Mortuâ in matrimonio muliere, profectitia dos patri restituenda est (quintis in singulos liberos penes virum relictis), sive adhuc in potestate fuerit filia, sive non; quodsi parens præmortuus sit, dos apud maritum remanet, præterquam si is qui dedit sibi aut mulieris heredibus reddendam stipulatus aut pactus fuerit.

Hæc est *rei uxoriæ actio.*

Sed si dotis restitutionem mulier aut extraneus donator specialiter stipulatus est, tunc stipulator habet actionem *ex stipulato* (aut præscriptis verbis), quæ non parùm differt a rei uxoriæ actione, ut infrà describetur.

---

(1) Nisi in aliquot casibus : L. 22, § 4, 10; 11, D. *Sol. mat;* L. 24, D. *de Jur. dot.*

(2) Non potest effici per pactum inter conjuges ut, soluto superstite muliere matrimonio, dos ei non reddatur : non enim debet fieri indotata, ne minus quidem dotata.

.Tale erat jus Pandectarum.

2. Sed *uxorius imperator* jus multis modis novum de dote introduxit.

Soluto matrimonio, ad mulierem aut ad ejus heredes semper competit actio de dote reddendâ, tacitæ stipulationis virtute. Quod dotem etiam ab extraneo constitutam spectat, nisi extraneus specialiter stipulatus fuerit sibi reddendam dotem. Parens autem qui dotem dedit semper habetur sibi tacite stipulatum restitutionem; sed sine filiæ consensu agere non potest; et, si lite contestatâ decedit, ad filiam quasi proprium patrimonium dos revertitur.— Ita nunquam dotem lucratur maritus, nisi ex quibusdam pactionibus.

3. Si matrimonium alterutrius conjugis captivitate dissolvitur, nondum committitur dotis restitutio, propter spem postliminii. — Quod ad cœteras servitutis species attinet, cùm morti comparentur, patet idem jus esse ac in casu mortis (1).

4. Actio dotis restituendæ nunquam datur constante matrimonio : nisi cùm apparebit mariti facultates ad inopiam vergentis jam non sufficere ad dotis exactionem (2), aut cùm deportati mariti bona ad fiscum pervenerunt. — Voluntaria dotis restitutio ante solutum matrimonium prohibetur. Ob has tantùm causas permittitur : ut mulier se suosque alat, æs alienum solvat, fundum idoneum emat; egentem propinquum sustineat vel ab hostibus redimat.

Cap. II. — *Adversus quem competat actio de dote restituenda.*

Quùm diæ constitutæ dotis maritus fuit paterfamilias, adversus eum dotis actionem competere palam est. — Quid si fuerit filiusfamilias ? Si dos socero (mariti patri) data est, aut jussu soceri, socer in solidum tenebitur. Si marito dos data est non jussu soceri, nihilominus cum socero agi oportebit : videtur enim ad eum pervenisse dotem penes quem est peculium; sed tunc ad id tantùm damnandus est quod est in peculio vel si quid in ejus rem

---

(1) Ex Nov. cxxiii, C. xl, dos restituenda est quoque si vir aut uxor monasterium ingreditur.

(2) V. C. 29, Cod. *de Jur. dot.*

versum est ; et maritus ipse dotis actione tenebitur. Quodsi moritur socer
constante matrimonio, ex hujus bonis maritus dotem præcipit, quia ipse est
qui onera matrimonii solus sustinet : omne quod a socero dotis nomine debetur vir præcipit, etiam si heres pro parte tantùm sit, aut exheredatus.
Quia autem dotis restitutio est obligatio quam socer heredibus transmittit,
maritus dotem præcipere non potest ni caveat defensum iri heredes qui dotis
actione possunt conveniri.

Cap. III. — *Quid dotis nomine reddendum sit.*

1. Quùm maritus accepit *res fungibiles*, non corporum, sed quantitatis.
soluto matrimonio, debitor est : adeoque, etiamsi corpora perierint, quanti-
tas quam accepit restituenda venit : quia illæ res in hoc dantur ut eas maritus ad arbitrium suum distrahat. — Et ideo fundus a marito dotali pecuniâ
comparatus non est dotalis (1).

2. Quum maritus in dotem accepit *res inæstimatas*, ipsæ res, corpora sci-
licet ipsa, restituenda sunt, qualia tunc sunt. Si res deterior facta est aut
eam vir habere desiit ante moram, non aliter vir tenetur quam si dolo aut
culpâ ipsius contigit (2). Morâ autem factâ, quolibet modo res dotales deteriores fiant, vir detrimentum præstare debet. — Si sine suâ culpâ maritus
e re dotali evictus est, restituendum venit si quid in vice recepit. Idem jus
erat cùm licite vir rem dotalem vendidisset.

Restituendum quoque quidquid his rebus accessit (v. g. alluvione), aut
ex iis natum est, aut propter eas viro pervenit (v. g. legatum servo dotali
factum, partus dotalium ancillarum) : quæ omnia sunt dotis pars, et eodem
jure quo dos reguntur. — Contrà, si quid de dote decessit sine compen-

---

(1) Attamen, antequam hypotheca tacita mulieri data fuisset, rerum quas maritus dotali pecuniâ comparaverat utilis vindicatio mulieri dabatur, quasi et hæ res
dotales essent, si quidem mulier aliunde dotem suam servare non posset. — N. ex
consensu conjugum permutari posse dotem, aut ex pecuniâ in fundum qui dotalis
efficitur, aut ex re in pecuniam.

(2) Culpa est alienatio fundi quam lex prohibet : mulieri competit in rem actio
ad repetendum fundum in emptoris manibus. Quod privilegium cunctis dotalibus
rebus extensum fuit a Justiniano.

dio (et sine mariti culpâ), mulieris damnum est. — Quod maritus pro dote usucepit mulier repetit rei uxoriæ actione.

Sed maxime notandum est fructus ex dote constante matrimonio perceptos dotis non esse, et ideo non esse restituendos : æquo jure, mariti fiunt cui onera matrimonii incumbunt. — Fructus anni ultimi maritus lucratur pro rata temporis quò matrimonium hoc anno stetit ; et similiter de fructibus qui temporibus vel minoribus vel longioribus quam unus annus capiuntur ; deductis à marito impensis pro rata fructuum quos cepit mulier.

Quomodo restituatur dos quæ in usumfructum consistit (1).

3. Quum maritus in dotem accepit *res æstimatas*, solum pretium quo æstimatæ sunt restituendum est, quia æstimatio quasi venditio est : illâ maritus dominium rerum quasi emptione consecutus est et pretii debitor effectus est. — Lucrum igitur et periculum circà eas res maritum spectat ; etiam si ipsius mulieris usu deteriores res factæ sunt (v. g., si suam vestem, quæ æstimata est, mulier adtrivit, hujus pretium maritus nihilominus præstare debet.) — Verùm, si res conjugi evicta est ex causâ ante dotis constitutionem existente, marito exceptio datur ne restituere cogatur, etiam si non ab ipsâ muliere quæ de dote agit dos data fuerit : tunc enim marito contra uxorem competit actio ex empto, sed æquitatis causâ uxori restituere debet vir quidquid eo nomine acceperit : sufficit enim maritum esse indemnem, nec opportet illum ex damno mulieris lucrari. — In hâc emptionis specie quædam singulari jure observantur : ita, si in contractu alteruter conjux circumventus est, etiam majori annis xxv. succurrendum erit, et ob quamcumque læsionem etiam justi prætii dimidiâ minorem.

Quodsi convenit res, quamvis æstimatas, in specie reddendas fore, reddentur quasi non fuissent æstimatæ ; tunc æstimatio in hoc tantùm factam intelligitur ut constet quantum restituendum sit si res culpa viri interierit aut deterior facta sit. — De casu in quo convenit aut æstimationem aut species ipsas præstari debere. Alii casus (2).

---

(1) V. L. 66, 78, D. *de Jure dot.* ; L. 57, D. *Sol. mat.*

(2) V. L. 12, § 3 et 4 ; L. 13 *de Pact. dot.*

4. Quùm maritus, dotis causà, aliqua obligatione quà tenebatur liberatus est, judicio dotis restituendum venit quod eà obligatione continebatur.

5. Si maritus non accepit quod in dotem promissum fuerat, cùm ipsa mulier aliusve qui dotis judicio agit ipse est promissor aut promissoris heres, non aliud venit in judicio quàm ut actor a suà obligatione liberetur. Cùm autem res ab alio quam actor debetur, illud tantùm in judicio venit ut maritus suas mandet actiones; nisi ejus culpà contigerit eas inanes esse factas, aut ipse debitoris nomen secutus sit.

6. Cùm maritus per errorem plus promissit quàm quod accepit, aut spe futuræ numerationis instrumento confessus est se accepisse quod non accepit, non tenetur in plus quam quod revera accepit : dotem enim numeratio non scriptura dotalis instrumenti facit; et qui dotem sibi reddi postulat eam a marito acceptam probaturus est. Illa non numeratæ pecuniæ exceptio intra annum a die soluti matrimonii mulieri poterit objici (1). — Si maritus dotem quam non acceperat per errorem solvit, repetere poterit; sed, si donationis causà vir hanc dotem agnovit, si valeat donatio, mulier de dote recte agit.

7. De eo quod restituere debet retinere potest maritus id quod ad impensas necessarias in res dotales adhibuit. Impensæ necessariæ sunt quæ si factæ non sint res aut peritura aut deterior futura sit, ita ut maritus damnum præstare debeat. Tales non sunt quæ ad ordinariam dotalium rerum tutelam pertinent, quærendorum tantùm fructuum causà factæ : has maritus ex suo facit, sine ullà restitutione fructibus satis compensatas : nam tueri res dotales vir suo sumptu debet. Impensæ necessariæ dotem ipso jure minuunt : illis tantùm deductis dotalis pecunia redditur; et, ni illæ reddantur, fundus dotalis aut totus aut partim retinetur (2). Si, necessariis impensis non compensatis, vir omnes res dotales imprudens restituerit, habebit condictionem quasi plus debito solverit.

---

(1) V. Nov. C.

(2) Sed, constante matrimonio, fundus non desinit esse dotalis : nisi, si impensas quæ fundi pretium æquiparant uxor intra annum non restituerit (intra quem annum fundi prohibetur alienatio).

In rei uxoriæ actione secundùm Pandectarum jus, ut infra dicetur, utiles aut voluptuariæ impensæ quoque marito jus retentionis dabant. Sed illud Justinianus abstulit.

Quædam sunt impensæ quæ extra causam dotis sed pro uxore a viro factæ, in dotem reputantur : v. g. si maritus ex dote expendit ut uxor a latronibus aut a vinculis redimeret ex suis necessariis aliquem.

7. Olim mulieres fidejussorem servandæ dotis a viro exigere solebant : quem usum matrimonii dignitati nimis contrarium prohibuerunt impp. Theodosius et deindè Justinianus.

8. Eadem privilegia quæ dotis repetitionem spectant, et mulieri concedduntur quæ condicit rem datam causâ matrimonii quod secutum non est aut quod consistere non potest, quamvis nec dos nec rei uxoriæ actio sint : quia eadem est reipublicæ utilitas.

Cap. IV. — *Quomodo extinguantur actiones de dote reddendâ.*

Extinguitur judicium dotis restitutâ in solidum dote. — Sed et si mulier acceptum viro tulerit, aut expromissorem acceperit, restituta dos intelligitur.

Si, divortio facto, et judicio de dote contestato, mulier in matrimonium revertitur, exspirat judicium et omnia in pristino statu manent. Illa tamen matrimonii redintegratio extraneo qui dotem sibi reddendam stipulatus est non aufert actionem ex stipulatu quæ illi statim divortio facto committitur : denuo igitur consentiente stipulatore dos constituenda est, ne sequenti matrimonio mulier indotata sit.

Pandectarum jure extinguebatur rei uxoriæ actio legati agnitione uxori a viro relicti, morte mulieris ante moram de reddendâ dote factam, publicatione totius dotis.

Cap. V. — *De differentiis actionum rei uxoriæ et ex stipulatu in Pandectarum jure.*

1. Rei uxoriæ actio est una ex bonæ fidei judiciis. In illà igitur æstimari debet judex « quidquid æquius melius », non secundum stricti juris duri-

tatem, sed jus accommodando factis, ea quæ sunt moris et consuetudinis invocando, ex bono et æquo arbitrando quantum actori restitui oporteat, habitâ ratione ejus quod actor invicem ex eâdem causâ præstare debet.

Diversi generis retentiones ex dote facere maritus potest :

1° Impensæ utiles (quibus non factis deterior quidem dos non fieret, factis autem fructuosior effecta est), non quidem ipso jure minuunt dotem, sed marito opponenti jus retentionis dant, si tamen voluntate mulieris factæ sunt; si vir totam dotem imprudens solverit sine retentione, condictionem non habet. — Voluptuariæ autem impensæ (quibus neque omissis deterior dos fieret, neque factis fructuosior effecta est), etiam si voluntate uxoris factæ sunt, jus retentionis non pariunt, nisi mulier noluerit pati virum res tollere quæ separationem recipiunt.

2° Si uxor quasdam mariti res amovit spe divortii quod secutum est, dotem maritus retinere potest pro ratâ pretii rerum amotarum, nisi mulier res aut earum æstimationem restituat (1).

3° Potest maritus de dote retinere quod illicite uxori donavit, nisi restituat mulier rem si extet, aut id quo locupletior facta est (2).

4° Propter liberos retentio fit, si culpâ mulieris aut patris in cujus potestate est, divortium factum sit : tunc singulorum liberorum nomine sextæ, non plures tamen quam tres, ex dote retinentur.

5° Morum nomine, graviorum quidem sexta retinetur; leviorum autem, octava : graviores sunt adulteria, leviores omnes reliqui.

— Heredi mariti, licet in solidum condemnetur, compensationes tamen quæ ad pecuniariam causam respiciunt, proderunt, ut hoc minus sit obligatus : veluti ob res donatas et amotas et impensas; morum vero coercitionem non habet.

Si maritus dotem in solidum solvere non potest, condemnandus est tantùm in id quod facere potest (propter receptam reverentiam quæ maritis

---

(1) Imó rerum amotarum actio conjugi directè datur, quæ heredibus et contra heredes competit : in honorem matrimonii non placuit inter eos furti agi posse.

(2) Pro quo utrique conjugi datur quoque rei vindicatio, aut condictio quatenus locum donatarius factus est.

exhibendá est). Item socer cum quo nurus de dote agit, quia socer parentis locum obtinet. Sed hœc beneficium mariti heredi non est præstandum.

Dos, si pondere, numero, mensuráve continetur, annuá, bimá, trimá die redditur. Reliquæ dotes statim redduntur (1). Si convenerit citeriùs legitimo tempore post solutum matrimonium reddendam dotem, illud est observandum ; sed ut tardiùs restituatur pactum non valet.

Usuræ debentur ex morá, ut in omnibus bonæ fidei judiciis.

Si mulieri legatum vir reliquit, non potest mulier et dotem et legatum petere, sed alterutrum legere debet, quia maritus compensandæ dotis animo legasse præsumitur.

II. Ex stipulatu autem actio, minùs favorabilis marito, stricti juris erat, sicut omnes actiones quæ ex stipulationibus descendunt. In illá reus non aliter quam ex duris regulis juris condemnatur; nihil aliud potest arbitrari judex quam id quod reus promisit se daturum.

Marito nullá temporis dilatio ad reddendam dotem; nulla ex dote retentio; nulla condemnationis restrictio in id quod facere potest.— Sed et usuræ a lite contestatá, tantum debentur. — Stipulantis heredibus actio transmittitur — Mulier dotem consequens, et a marito legata recipit, nisi ea specialiter pro dote relicta sint.

Cap. VI. — *Justiniani innovationes.*

Justinianus antiquas actiones rei uxoriæ et ex stipulatu in unam confusit. Ita ut mulier aut ejus heredes semper agant causá stipulationis, quæ, cum scripta non est, tacite præsumitur. (Exceptis tantùm casibus, quibus aut ipsi parenti qui dotem constituit tacitá stipulatio actionem parit, aut extraneus qui dotem dedit sibi restituendam specialiter stipulatus est, aut maritus dotis lucrum sibi licite pactus est.)

Illi autem actioni quæ quasi ex stipulatione nascitur, bonæ fidei beneficium accommodatum est. — Et quoque, vir in id tantum condemnandus

---

(1) Mariti mores puniuntur reddenda citius dote (aut reddendis fructibus).

est quod facere potest, si non dolo malo versatus est; cautione videlicet ab
eo exponenda quòd si ad meliorem fortunam pervenerit, tunc restituet quod
minus persolvit. — Nullam vero ex dote retentionem vir facere potest, nisi
ob necessarias impensas. Quoad utiles impensas, si quidem uxoris voluntate factæ sunt, vir mandati actionem exercebit; si non intercesserit uxoris
voluntas et tamen res utiliter gesta sit, negotiorum gestorum actio viro com-
petet. Voluptuariæ autem impensæ nullum aliud jus marito dant nisi tollendi
opus quòd fecit, sine læsione prioris speciei. Ob res amotas, viro nihil aliud
competit quam rerum amotarum actio. Ob res donatas, actio directa vel utilis ad vindicandum aut ad condicendum. Nec ob liberos, nec ob mores retentio fit, aliis remediis a constitutionibus introductis. — Res mobiles vel
incorporales intra annum soluti matrimonii restituendæ sunt; res soli illico.
Post hoc tempus, mobilium rerum usuræ usque ad tertiam centesimæ partem mulieri a viro sunt præstandæ; immobilium vero fructus; et similiter
pensiones, vecturæ navium, operæ servorum, etc. — Potest uxor simul et
a marito legata recipere et dotem consequi, nisi specialiter legatum pro dote
relictum sit. — Ad heredes actio transmittitur.

Pandectarum jure, mulier pro restituendà dote privilegium habebat quo
cæteris mariti creditoribus personales actiones exercentibus præferebatur;
sed si hypothecam constituisset, hæc non erat potior cæteris tempore prioribus. — Justinianus autem, præter hoc privilegium, dedit mulieri pro restituendà dote tacitam et privilegiatam in omnibus viri rebus hypothecam,
quà potior foret semper omnibus cæteris hypothecariis creditoribus, licet
tempore prioribus. Voluit quoque mulierem pest solutum matrimonium
dotales res omnes, sive mobiles sive immobiles sive æstimatas sive non,
actione in rem quasi suas proprias vendicare posse; nullà adversus eam
currente temporali exceptione ante tempus quo actionem movere potuit. —
Tacitam hypothecam habent quoque uxoris heredes, et pater qui dotem
dedit; sed hi prioribus hypothecariis creditoribus non proferuntur, nisi sint
defunctæ filii. — Privilegiatam suam hypothecariam actionem, constante
matrimonio, si maritus vergit ad inopiam, uxor exercere potest adversus
omnes. — Omnia hæc privilegia hæreticis mulieribus denegantur.

CODE NAPOLÉON.

De l'interdiction et de la nomination d'un Conseil judiciaire.

(COD. NAP., LIV. Ier, TIT. XI.)

Par l'effet d'une présomption absolue, qui n'a d'autres limites que les exceptions posées par la loi elle-même, tout Français qui a atteint l'âge de vingt-un ans est capable de tous les actes de la vie civile, et a le plein exercice de ses droits (488).

Mais cet état de capacité peut être changé par plusieurs causes, parmi lesquelles l'*interdiction judiciaire* et la *nomination d'un conseil judiciaire*.

Lorsqu'il est manifeste que la base sur laquelle repose la présomption de la loi fait complètement défaut, lorsque en fait un majeur est radicalement incapable des actes de la vie civile, parce qu'il manque, bien plus encore qu'un mineur, de l'intelligence et du libre arbitre nécessaires, alors la loi donne au juge le pouvoir d'*interdire* ce majeur, c'est à dire, de lui enlever l'exercice de ses droits civils, devenu une cause de dangers pour lui et pour les autres.

Si un majeur, sans être au fond incapable de gérer ses affaires, se laisse cependant égarer habituellement par une certaine faiblesse d'esprit ou par des passions excessives, pour le protéger contre sa propre infirmité, pour lui conserver un patrimoine, soutien de sa famille et garant de sa conduite, pour réprimer des abus contraires à l'ordre social, le juge peut donner à ce majeur un guide, un *conseil* sans l'assistance duquel il ne pourra point faire les actes les plus importants.

PREMIÈRE PARTIE. — De l'Interdiction.

CHAPITRE Iᵉʳ. — QUI PEUT ÊTRE INTERDIT?

Les causes d'interdiction déterminées par la loi sont : l'imbécillité, la démence et la fureur (489). Ces trois états sont des degrés divers d'un même fait psychologique, la privation ou le dérangement des facultés intellectuelles produisant l'impuissance de la liberté morale. L'*imbécillité* est l'absence plus ou moins complète de ces facultés dans un esprit qui ne s'est pas développé, ou qui s'étant affaibli en a perdu l'exercice. La *démence* est le désordre de ces facultés, qui existent et s'exercent, mais sans règle et sans mesure, non soumises à l'empire de la volonté. La *fureur* est le paroxysme de la démence exaltée et se manifestant au dehors par des actes violents et dangereux.

Telles sont les causes qui peuvent *seules* motiver l'interdiction (489). Le juge a une grande latitude d'appréciation; mais, quels que soient les classifications et les systèmes de la science médicale, il ne doit jamais sortir des termes de la loi. Ainsi, un vice qui ne blesse l'intelligence que d'un certain côté, comme certaines monomanies, ne peut pas suffire, au point de vue juridique, pour entraîner cette mesure si grave de l'interdiction. Il faut que l'intelligence entière soit atteinte, de manière à être impuissante en fait pour accomplir normalement les actes de la vie civile. Ni un grand dérèglement de mœurs, ni un acte isolé de fureur, qu'une crise de maladie ou un instant de passion peuvent inspirer à l'esprit le plus ferme, ni les infirmités ordinaires de la vieillesse, ni la répétition d'actes hors de toute convenance dans la conduite privée, dans la famille ou dans le monde, ne peuvent être un motif suffisant d'interdiction, tant que ces maladies de l'âme n'ont pas dégénéré en imbécillité ou en démence, et tant que celui qui en est frappé est capable d'avoir habituellement dans ses actes une volonté libre.

Mais, quand l'intelligence toute entière est atteinte, l'interdiction doit être prononcée alors même que la maladie présenterait des *intervalles lucides* (489) : lorsque la raison n'est qu'un accident, il n'en est que plus à craindre qu'on abuse de l'état habituel de l'aliéné pour surprendre frauduleusement son consentement.

— On a demandé si le *sourd-muet* peut, à raison de son infirmité, être interdit ? Il ne le peut qu'autant qu'il est demeuré tout à fait dénué d'intelligence et dans un état d'imbécillité. Mais, si son esprit a été suffisamment développé, si une éducation soignée l'a rendu pleinement capable de tous les actes de la vie civile, on ne saurait légalement lui enlever l'exercice de ses droits.

— Le *mineur*, même non émancipé, peut-il être interdit ? Quoique la tutelle soit un régime de protection qui se rapproche beaucoup de l'interdiction, ce dernier régime peut être plus efficace, même à l'égard du mineur non émancipé : car il lui enlèvera de plein droit la capacité de tester que peut lui laisser le simple état de pupille, et le rendra restituable sans avoir à prouver de lésion de tous les contrats qu'il consentirait. D'un autre côté, si le mineur aliéné d'esprit est près de sa majorité, il est très utile de provoquer dès lors son interdiction, afin qu'il n'ait pas un seul jour sa capacité, de peur que des tiers artificieux ne profitent de cet intervalle pour le rendre victime de leurs fautes.

CHAPITRE II. — Poursuite de l'interdiction.

§ 1er. — *Qui peut provoquer l'interdiction.*

Tout *parent*, quoique éloigné, quoique non héritier présomptif de l'aliéné d'esprit, peut provoquer l'interdiction (490). Le parent mineur ou interdit a cette action qui sera exercée par son tuteur. — Le *conjoint* peut provoquer l'interdiction de son conjoint (490). Ce droit n'est enlevé ni par la séparation de biens ni par la séparation de corps, qui n'effacent point le titre d'époux. — Le ministère public peut provoquer l'interdiction d'une personne en état d'imbécillité ou de démence, si cette personne n'a ni conjoint ni parents connus. Dans le cas de fureur, la sûreté publique étant compromise, le ministère public *doit* provoquer l'interdiction, si elle n'est pas demandée par les parents ou l'époux (491). — Quoique la convention par laquelle une personne se mettrait elle-même en état d'interdiction fût nulle de plein droit, nous pensons qu'une personne peut elle-même provoquer sa propre interdiction : y a-t-il rien d'immoral, rien qui blesse la loi, à ce qu'un

malheureux aliéné sans parents profite d'un intervalle lucide pour demander
à l'autorité compétente de le protéger par les moyens légaux contre sa propre infirmité ?

§ 2. — *Procédure en interdiction.*

La gravité d'une mesure, telle que l'interdiction, motive les précautions
dont le législateur a voulu l'entourer.

Toute demande en interdiction doit être portée devant le tribunal de première instance (492) du domicile de l'aliéné (Pr. 59). — Sans préliminaire
de conciliation (Pr. 49), le demandeur présente au président du tribunal une
requête dans laquelle sont articulés les faits d'aliénation mentale, y joint les
pièces justificatives et l'indication des témoins.— Communication de la requête au ministère public, rapport en chambre du conseil, conclusions du
ministère public. — Si les faits paraissent pertinents, le tribunal ordonne
que le conseil de famille donnera son avis sur l'état de la personne dont l'interdiction est demandée. Ce conseil sera composé, comme dans le cas de
minorité, des six plus proches parents ou alliés ; ceux qui ont demandé l'interdiction ne peuvent en faire partie, à moins que ce ne soit le conjoint ou
l'enfant, qui dans ce cas n'aura que voix consultative.— Signification des
pièces au défendeur. — Interrogatoire du défendeur en chambre du conseil,
dans le but de constater son état mental. —.Nomination par le tribunal ; s'il
y a lieu, d'un administrateur provisoire chargé de prendre soin de la personne de l'aliéné et de faire les actes de pure administration de ses biens. —
Enquête, si le tribunal le juge nécessaire. — Le jugement doit être rendu
en audience publique, les parties entendues ou appelées, sur les conclusions
du ministère public. Le tribunal peut, ou prononcer l'interdiction, ou la
refuser purement et simplement, ou en la refusant nommer au défendeur un
conseil judiciaire. — A tous les moments de la procédure, le tribunal a le
droit, s'il se trouve suffisamment éclairé, de rejeter la demande en interdiction, et de condamner le demandeur à des dommages-intérêts. — Appel du
jugement peut être interjeté, par l'interdit contre le demandeur, par le demandeur qui a succombé et par tout membre du conseil de famille contre
celui dont on demande l'interdiction. La Cour peut ordonner nouvel interro-

gatoire et nouvelle enquête. Le pourvoi en cassation est aussi ouvert : car la Cour de Cassation, quoiqu'elle ne puisse pas examiner le mérite des preuves, a le droit d'apprécier les conséquences légales des faits déclarés constants par la sentence et l'application de la loi à ces faits. — (C., 492-500, Pr., 890-894).

Dans l'intérêt des tiers, la loi impose au demandeur l'obligation de rendre publique la sentence d'interdiction par certaines formalités déterminées (501). L'omission de ces formalités ne validerait pas les actes de l'interdit, mais donnerait lieu à recours en dommages de la part des tiers contre le demandeur.

CHAPITRE III. — EFFETS DE L'INTERDICTION.

L'interdit est incapable de tous les actes de la vie civile; il est soumis à une tutelle semblable à celle des mineurs.

§ 1er. — *De la tutelle de l'interdit.*

I. A la tête du pouvoir tutélaire est le *conseil de famille*, composé, convoqué et délibérant conformément aux règles des art. 407-416, 442 ; 443, Pén., 29, 34-4°, 42-5°. — Le conseil de famille nomme (sauf le cas de l'article 506), exclut, destitue ou dispense le tuteur et le subrogé-tuteur, les autorise à certains actes, surveille et vérifie la gestion du tuteur, et donne son avis sur les diverses circonstances de la tutelle. Ses décisions, tantôt sont définitives et souveraines, tantôt n'ont le caractère que de simples avis, mais elles ne peuvent jamais être considérées comme des jugements (arg. 889, Pr.) Le tuteur, le subrogé-tuteur et les membres du conseil de famille, soit présents, soit absents ou non convoqués, peuvent se pourvoir en première instance contre les décisions du conseil (883, Pr.), non pas seulement pour des irrégularités de forme, mais sur le fonds même de la décision, s'il leur paraît contraire aux intérêts de l'interdit.

Le *tuteur* de l'interdit est toujours nommé par le conseil de famille (505), sauf une exception unique : Le mari est de droit le tuteur de sa femme interdite (506). La femme peut être nommée tutrice de son mari ; en ce cas, le conseil de famille règle la forme et les conditions de l'administration, sauf recours au tribunal par la femme qui se croirait lésée (507). — Excuses : 427-436, 508 ; 438-441. Incapacités : 442. Indignités : 443, 444, Pén., 34-4°, 42-6° ; 446-449. — Le tuteur entre en fonction du jour de sa nomination, si elle est faite en sa présence ; sinon, du jour où elle lui est notifiée (418, Pr. 882).

Le *subrogé-tuteur* surveille l'administration du tuteur, et agit pour l'interdit dans les cas où les intérêts de celui-ci sont en opposition avec ceux du tuteur (420). Il est toujours nommé par le conseil de famille (420), immédiatement après la nomination du tuteur (422), sans le concours de celui-ci, hors de la ligne de parenté à laquelle le tuteur appartient, excepté le cas de frères germains (423). Il n'est pas soumis à l'hypothèque légale, et n'est responsable que dans un petit nombre de cas spécifiés. Lorsque la tutelle devient vacante, il ne remplace pas le tuteur de plein droit, mais il doit, sous peine de dommages, provoquer la nomination d'un nouveau tuteur (424).

Si l'interdit, domicilié en France, a des biens dans les colonies, ou réciproquement, le conseil de famille nomme pour l'administration spéciale de ces biens un protuteur, qui demeure indépendant du tuteur et a seul sa responsabilité propre, qui est soumis à l'hypothèque légale, et reçoit un subrogé-protuteur (417).

II. Le tuteur doit prendre soin de la personne de l'interdit (450), veiller au meilleur développement de sa vie physique et morale, sous la surveillance et la direction du conseil de famille (510). L'interdit a son domicile chez son tuteur (108).

Le tuteur représente l'interdit dans tous les actes de la vie civile (450), le remplace dans l'administration et la disposition de ses biens.

Avec un pouvoir aussi étendu, de nombreuses précautions étaient nécessaires. — Dès l'entrée en exercice de la tutelle, inventaire en présence du subrogé-tuteur (451). — Déclaration par le tuteur, sur la réquisition du notaire, de ses créances contre l'interdit, à peine de déchéance (454). — Vente aux enchères du mobilier que le conseil de famille n'a pas décidé devoir être conservé en nature (452). — Détermination par le conseil du mode d'administration des biens, du mode de traitement de l'aliéné et des dépenses géné-

rales à faire pour son entretien et son rétablissement ; la loi elle-même dé-
clare que « les revenus de l'interdit doivent être essentiellement employés
à adoucir son sort et à accélérer sa guérison » (510, 454). — Actes défendus
au tuteur (450). — Le tuteur est responsable des dommages qui pourraient
résulter de sa mauvaise gestion (450). Une hypothèque légale frappe, du jour
de l'acceptation de la tutelle, tous ses immeubles présents et à venir, sauf
les restrictions permises (2135 , etc.)

Actes d'administration. — Le tuteur les fait seul, *domini loco;* il doit y
porter les soins d'un bon père de famille, et il est responsable de sa négligence (450). — Il reçoit le compte-rendu de l'administrateur provisoire
(505). — Actes conservatoires. — Baux (1718 , 1429, 1420; mais ce que le
tuteur a fait en dehors de ses pouvoirs peut être annulé avant la fin de la tutelle). — Emploi de l'excédant des revenus dans les six mois, selon la détermination du conseil de famille (455 , 456). — Paiement des dettes de l'interdit.

Actes de disposition. — Le tuteur ne peut *aliéner les immeubles* de l'interdit
qu'avec les formalités suivantes : autorisation du conseil de famille, consta-
tant la nécessité absolue ou l'avantage évident de l'aliénation, et indiquant
les biens qui doivent être aliénés (457, Pr., 953); homologation du tribunal
en chambre du conseil, sur les conclusions du ministère public (458; Pr.,
885 et suiv.); vente aux enchères avec les formalités prescrites au tit. vi,
liv. ii du C. Pr. — Dans le cas de licitation provoquée par un autre que le
tuteur, il n'est pas besoin d'autorisation homologuée; seulement, la vente
doit être faite conformément à l'art. 459 (460). — Dans le cas d'expropria-
tion poursuivie par un créancier, la seule faveur accordée à l'interdit est la
discussion préalable du mobilier (2206), sauf 2207. — Pour cause d'utilité
publique, le tribunal autorise le tuteur à la cession amiable, sous les conditions de conservation ou de remploi jugées convenables (L. 3 mai 1841,
art. 13.) — Le tuteur ne peut point aliéner le mobilier dont le conseil de famille a ordonné la conservation en nature; quant aux meubles incorporels,
le silence de la loi force à reconnaître que le tuteur en a la libre disposition;
seulement, la L. du 24 mars 1806 exige l'autorisation du conseil de famille
pour le transfert de rentes sur l'État dépassant 50 fr. de rente.

L'autorisation du conseil de famille et l'homologation du tribunal sont préalablement nécessaires pour valider *l'emprunt* fait par le tuteur pour les besoins de l'interdit, *l'hypothèque* concédée sur ses biens (457), ou *l'avancèment d'hoirie* à faire à son enfant qui s'établit (511).

Pour la *transaction*, il est nécessaire de plus que le tuteur ait préalablement reçu l'avis conforme de trois jurisconsultes désignés par le ministère public (467, 2045). — Le tuteur ne peut jamais *compromettre* (arg. 1789 C., 1004 Pr.)

L'autorisation du conseil de famille est nécessaire et suffisante pour l'acceptation ou la répudiation d'une *succession*, pour *l'acceptation* d'une *donation*; toute succession ne peut être acceptée que sous bénéfice d'inventaire (461, 463).

Actes judiciaires. — Le tuteur ne peut pas, sans l'autorisation du conseil de famille, intenter des *actions* se référant aux droits dont il n'a pas la pleine disposition; il peut intenter les actions mobilières. De même pour *l'acquiescement.* Comme il faut bien se défendre quand on est attaqué, et comme la qualité d'interdit ne donne pas une exception pour renvoyer indéfiniment le procès, le tuteur peut sans autorisation répondre à toute espèce d'action (464). — Toutes les causes concernant un interdit doivent être communiquées au ministère public (83 Pr.)

L'autorisation est nécessaire au tuteur pour provoquer un *partage*, non pour répondre à une demande en partage formée contre l'interdit (465). Formalités de ce partage: C. 466, Pr. 966 suiv., L. 27 juin 1841. — Le partage amiable n'est jamais que provisionnel (466).

L'acte fait par le tuteur, conformément aux règles ci-dessus, est parfait et ne saurait être attaqué que pour les causes de droit commun, jamais pour simple lésion. Si le tuteur n'a pas accompli les formalités prescrites, l'acte est nul en la forme : inattaquable par les tiers, il est annulable sur l'action de l'interdit, sauf la ratification expresse ou tacite : 1304, 1311.

Reddition de compte par le tuteur à la fin de sa gestion : 469 suiv. — Par une dernière faveur, la loi annule toute convention entre l'ex-tuteur et l'ex-interdit, qui aurait pour effet d'affranchir celui-ci de sa responsabilité (ce qui serait à apprécier en fait), si un compte en forme n'a été rendu dix jours au moins avant (472).

§ II. — *De l'incapacité de l'interdit.*

I. Tous les actes faits par l'interdit postérieurement au jugement d'interdiction sont *nuls de droit,* dit l'art. 502. Cela ne veut pas dire que ces actes soient radicalement inexistants et sans effet; au contraire, ils sont pleinement valables contre les tiers, et la partie capable de s'engager ne peut pas opposer l'incapacité de l'interdit avec qui elle a contracté (1125, 2°). Mais le tuteur de l'interdit peut attaquer ces actes, et l'interdit ou ses héritiers le peuvent aussi pendant dix ans à partir de la fin de l'interdiction (1304, 3°); et l'acte ainsi attaqué doit être annulé par cela seul qu'il a été consenti par un interdit, sans qu'il soit besoin d'aucune autre allégation de lésion ou de vice de consentement, et sans distinction d'intervalles lucides (v. 1352). — Le testament et la donation rentrent dans la règle de l'art. 502, de sorte qu'ils doivent être annulés même lorsqu'ils auraient été faits dans un intervalle lucide : l'art. 901 n'a pas pour objet de déroger à la règle générale de l'art. 502.

— Lorsqu'un acte fait par un interdit est annulé, l'interdit ne peut être forcé à restituer de ce qu'il a reçu que ce qui a tourné à son profit (1312).

— Si l'interdit laisse passer dix ans après la main-levée de l'interdiction sans faire annuler son acte, il est censé l'avoir voulu ratifier, et n'est plus recevable à l'attaquer par le seul motif de l'interdiction (1304). Mais, suivant la règle ordinaire, si l'acte n'a pas reçu d'exécution, l'exception est perpétuelle. — Le délai de dix ans étant une exception au principe général d'après lequel toute action dure trente ans, ne peut s'appliquer qu'aux cas pour lesquels il a été spécialement établi, aux conventions : en sorte que l'action en annulation du testament de l'interdit dure trente ans.

— L'acte fait par l'interdit serait radicalement nul, sans effet et mort-né, suivant les principes généraux du droit commun, de sorte qu'il ne pourrait être ratifié ni par le laps du temps, ni par une confirmation expresse, et que les tiers eux-mêmes seraient recevables à invoquer la nullité, s'il était prouvé que l'interdit, au moment de cet acte, était privé de raison et non capable de consentement.

L'interdit peut-il se marier ? Question grave et fort controversée. Nous pensons qu'il y a au titre du *Mariage*, sur les conditions de validité du mariage, un système entier et complet, auquel seul il faut s'attacher, sans y transporter des règles tirées des autres parties du Code. Or, la règle souveraine est celle-ci : « Il n'y a pas de mariage lorsqu'il n'y a point de consentement » (146) : Celui qui se marie consent-il véritablement, avec intelligence, avec volonté de s'engager? Son mariage est inattaquable : lorsque tel sera le consentement de l'interdit, le mariage de l'interdit sera parfaitement valable; si, au contraire, l'interdit a consenti pendant l'absence de sa raison, son mariage sera radicalement inexistant. C'est donc ce seul point de lucidité d'esprit au moment du consentement, que le juge devra apprécier en fait, en dehors de toute fiction civile. — A ces motifs de droit se joignent de puissantes raisons de morale et d'humanité, et aussi l'observation du peu de danger que présente, en fait, l'application de notre doctrine.

Quant aux actes qui constituent un délit ou un quasi-délit, il est évident que la nullité ne peut en être opposée aux tiers, car « tout fait quelconque de l'homme qui cause à autrui un dommage, oblige celui par la faute duquel il est arrivé à le réparer » (1382). L'interdit sera responsable de tels actes, s'il les a accomplis dans un intervale lucide. Il ne le sera pas de l'acte accompli pendant l'absence de la raison. Dans ce cas, c'est le tuteur qui est responsable, s'il a été possible à sa vigilance d'empêcher le fait. Dans le premier cas, le tuteur peut aussi être poursuivi en dommages; mais, alors, il a son recours contre l'interdit.

L'interdiction est une espèce de mort civile, *capitis deminutio*. La personne juridique disparaît, l'interdit perd l'exercice des droits civils que son âge lui attribuait. Ainsi, il ne peut exercer la puissance maritale (222), ni la puissance paternelle; être tuteur ni membre d'un conseil de famille (442, 2°), mandataire (2203), ni membre d'une société civile ou commerciale 1865, 4°), etc. Il est privé des droits politiques (Const. an viii, art. 2, 5). Les prescriptions ne courent pas contre lui (2252), sauf dans quelques cas exceptionnels (2278, etc.)

L'incapacité commence au jour du jugement d'interdiction, si ce jugement n'est pas frappé d'appel ou est confirmé sur l'appel. Il n'y a jamais eu d'incapacité, si le jugement d'interdiction est réformé sur appel.

II. *Actes faits avant l'interdiction.* — Par une faveur équitable, l'art. 503 permet de donner un effet rétroactif au jugement d'interdiction : les actes faits avant l'interdiction par l'aliéné, *peuvent* être *annulés* (dans le délai de l'art. 1304), si la cause de l'interdiction existait *notoirement* à l'époque de l'acte, sans qu'on ait à prouver l'absence de raison au moment précis du consentement. Le juge décidera suivant la bonne ou la mauvaise foi de ceux qui ont traité avec l'aliéné. — Par suite de la rédaction absolue de l'art. 901, l'art. 503 ne doit pas s'appliquer aux dispositions à titre gratuit : pour ces actes le juge n'a jamais qu'à apprécier en fait l'actualité de la sanité d'esprit au moment du consentement.

III. *Actes faits par une personne non interdite, mais que, après sa mort, on prétend avoir été aliénée d'esprit.* — En règle générale, la loi ne permet pas d'attaquer pour cause de démence les actes d'une personne après sa mort (504). Trois cas bien motivés font exception : 1° Si l'interdiction a été provoquée (d'une manière sérieuse) avant le décès : alors revit la présomption de l'art. 503 ; 2° Si l'acte attaqué contient en lui-même la preuve de la démence qui l'a inspiré ; 3° Spécialement, il suit du texte de l'art. 901, qu'à toute époque on peut prouver qu'une disposition gratuite a été faite par une personne non saine d'esprit.

CHAPITRE IV. — COMMENT FINIT L'INTERDICTION (512).

L'interdiction doit finir avec sa cause. Mais elle ne cesse pas de plein droit : il faut que la *main levée* en soit prononcée suivant les formes prescrites pour arriver à l'interdiction. — La main levée peut être provoquée par l'interdit lui-même sans l'assistance du tuteur, par tous ceux qui ont pu provoquer l'interdiction, par le tuteur et le subrogé-tuteur.

DEUXIÈME PARTIE. — Du Conseil judiciaire.

CHAPITRE PREMIER. — Poursuite de la nomination d'un conseil judiciaire.

Peuvent être soumis à un conseil judiciaire (499, 513) : 1° Celui qui, sans être aliéné d'esprit, n'est pas en état de gérer seul ses affaires. Dans cette cause rentrent les cas de décrépitude, de graves infirmités, le cas du sourd-muet non suffisamment instruit, etc. — Malgré la rédaction de l'art. 499, on peut provoquer directement la nomination d'un conseil. — 2° Le prodigue : Il est assez difficile de définir la prodigalité : un seul fait né suffit pas pour l'établir, et c'est au juge à décider quand elle existe. Le prodigue est celui qui, par habitude, dissipe sa fortune en dépenses inutiles, sans mesure et sans fin, qui auront pour effet de conduire lui et les siens à la misère. — On peut nommer au mineur un conseil qui entrera en fonctions au jour de la majorité. — La femme mariée peut être soumise à un conseil judiciaire en certains cas : par exemple, si le mari est absent, ou soumis lui-même à un conseil, quand les époux sont séparés de biens, etc.

La nomination d'un conseil judiciaire peut être provoquée par tous ceux qui, au cas de démence, peuvent demander l'interdiction (514).

La demande doit être instruite et jugée de la même manière qu'une demande en interdiction (514). — Le conseil est toujours nommé par le tribunal (513).

CHAPITRE II. — Des effets de la nomination d'un conseil judiciaire.

Celui à qui a été nommé un conseil judiciaire n'est pas frappé, comme l'interdit, d'une incapacité générale. Il reste maître de sa personne et de tous ceux de ses droits que la sentence n'a pas modifiés. Les actes même à l'égard desquels sa capacité est diminuée, c'est lui-même qui les fait personnellement; seulement il a besoin d'être assisté, d'être complété par son conseil. Celui-ci ne peut pas non plus faire seul ces actes : c'est par leur concours que l'acte est parfait et inattaquable conformément au droit commun.

Celui à qui un conseil judiciaire a été nommé ne peut, sans l'assistance de ce conseil, plaider ni faire aucun des actes essentiels d'un procès, transiger, emprunter, recevoir un capital mobilier, (ce qui comprend tout objet mobilier incorporel et toute universalité de meubles corporels), ni en donner décharge, aliéner (directement ni indirectement) ses biens autres que des meubles corporels pris *singulatim*, ni les grever d'hypothèques (499, 513). Cette énumération est complète et limitative : le juge ne pourrait interdire aucun autre acte, ni dispenser pour l'un de ceux-là de l'assistance du conseil. — Il suit des termes de la loi, que le quasi-interdit conserve l'administration de ses biens, et peut, pour cet objet, aliéner ses revenus ; qu'il peut tester, mais non donner entre-vifs ; qu'il peut se marier et par là se soumettre à l'hypothèque légale et au régime de communauté légale, mais que s'il fait des conventions matrimoniales, il a besoin d'assistance dans les limites de sa capacité ordinaire. Le conseil doit exiger et surveiller l'emploi des capitaux reçus.

L'assistance du conseil doit être spéciale pour chaque acte : une autorisation générale ne serait autre chose qu'une mainlevée illégale de l'incapacité. Il faut que le conseil coopère à l'acte : ce n'est ni une autorisation, ni une ratification qu'il a à donner. — Le conseil est responsable, selon les principes du droit commun, pour faute ou négligence grave.

Les actes que le quasi-interdit ne pouvait pas faire sans l'assistance de son conseil, faits sans cette assistance, sont nuls de droit, dans le même sens que ceux de l'interdit (502). — L'art. 503 ne s'applique pas par analogie aux actes de celui qui depuis a reçu un conseil judiciaire.

CHAPITRE III. — MAINLEVÉE DE L'INCAPACITÉ.

Cette incapacité est levée à la suite des mêmes formalités qui ont précédé sa prononciation (514).

Le décès du conseil ne fait pas cesser l'incapacité : une nouvelle nomination peut être demandée par le quasi-interdit ou par toute autre personne qui a en général le droit de provoquer la nomination.

DROIT COMMERCIAL.

DES ASSOCIATIONS EN PARTICIPATION.

Les commerçants qui se forment en *société* ont pour but, par la réunion soit des noms soit des capitaux, de se procurer ensemble un crédit que chacun d'eux séparément n'obtiendrait pas. La société commerciale, en effet, forme un corps moral et un, ayant sa personnalité propre, se distinguant de chaque associé, et présentant à la confiance publique des garanties plus sûres; cet être abstrait traite avec les tiers, contracte des obligations, a ses droits propres, son actif et son passif, etc. Et c'est dans le but de faire connaître au public cet être nouveau avec qui il sera en rapport, que la loi soumet l'acte de société à diverses conditions de publicité.

À côté de ces sociétés, le Code de Commerce nomme l'*association en participation* (47-50). Mais il ne la caractérise pas suffisamment : la définition qu'il en donne ne dit rien en réalité et s'appliquerait aisément à toute espèce de société.

L'association en participation n'a d'effet qu'entre les associés, elle n'a aucune influence sur les rapports de ceux-ci avec les tiers : chaque associé continue à agir en son propre et privé nom, et ce n'est que par un compte intérieur qu'ils mettent ensuite en commun les profits et les pertes résultant de leurs opérations. — Cette association se forme donc entre des gens qui n'ont pas besoin de faire connaître leur réunion au public, qui ne veulent que réunir leurs forces, sans appeler à eux un crédit plus grand : les participants ne publient pas leur association et ne créent pas un nom social : leur qualité d'associés ne se montre en rien au dehors. C'est pourquoi l'ancien Droit appelait ces associations *sociétés anonymes*.

Par exemple, des acheteurs d'objets du même genre vont à une foire ; pour ne pas se nuire par leur concurrence, ils conviennent que chacun achètera de son côté, et qu'ensuite ils mettront en commun tous leurs achats et les partageront après avoir compensé leurs déboursés : voilà l'association en participation. Elle se rencontre surtout quand les parties ont été entraînées par l'affaire plutôt qu'elles ne se sont choisies : ainsi, en temps de disette, un navire de blé arrive ; un négociant du port, qui voudrait l'acheter, n'ayant pas assez de fonds, propose à un banquier de faire l'affaire de compte à demi ; ils se mettent d'accord, mais ils ne perdent pas le temps à rédiger et à publier des statuts sociaux, ils agissent tout d'abord : ils sont associés en participation.

L'association en participation se forme par la seule convention des intéressés, soit verbale soit écrite ; elle n'a pas dû être soumise aux formalités prescrites par les autres sociétés (50).

Ce n'est ni le peu de durée de l'affaire, ni son peu d'importance, ni sa détermination préalable, qui caractérisent notre association, comme on l'a prétendu : il y a des participations d'une très grande importance et d'une longue durée, par exemple, celles qui en Italie avaient pour objet la ferme des impôts. Son vrai caractère, c'est que le but des associés n'est pas de montrer aux tiers qu'ils se sont mis ensemble et de produire au dehors un être moral susceptible d'un plus grand crédit. De plus, quand des commerçants sont *surpris* par une affaire qui ne leur laisse pas le temps de se constituer en société et exige le concours de leurs efforts sans le moindre délai, sous peine de laisser passer l'occasion, la loi ne pouvait pas empêcher ce concours en exigeant des formalités inutiles ici : en de tels cas, on présumera l'association en participation.

De ce que notre association n'a d'effet qu'entre les associés et reste sans influence sur leurs rapports avec les tiers, résultent les conséquences suivantes : l'association en participation ne forme pas un corps moral, être collectif, abstrait, distinct de la personne de chaque associé et fonctionnant en propre, ayant ses droits et ses obligations, son nom, sa signature, son domicile. Elle n'a pas de patrimoine particulier, sur lequel, par exemple, ses créanciers aient un droit que ne peuvent leur disputer les créanciers personnels de l'associé, ou dont le débiteur ne puisse compenser sa dette par la créance qu'il a sur un associé. Les mises des coparticipants ne se confondent pas pour former un capital social : chacun retient, jusqu'à la liquidation, la propriété de ce qu'il a apporté (1); les apports peuvent devenir communs, non sociaux. — Le tiers qui a traité avec un participant n'a pas les autres pour débiteurs solidaires : car il a traité, non avec un corps moral agissant par l'instrument d'un de ses membres, mais uniquement avec un simple individu, qui, dans l'intention de tous, n'engageait que lui seul, et duquel seul il a suivi la foi, quelles que pussent être les obligations ultérieures naissant pour lui de ce contrat; le tiers prouverait en vain que l'association a profité du contrat, cela ne peut pas changer l'étendue de son droit; et la faillite même du débiteur n'étendrait pas l'obligation aux autres coparticipants. Réciproquement, les tiers ne peuvent être actionnés directement que par le participant avec qui ils ont contracté. — Le participant ne peut pas prétendre à un droit de préférence à l'encontre des créanciers personnels de son coparticipant : en effet, une association en participation ne peut avoir de créanciers sociaux, elle n'a pas d'actif social; le participant qui contracte engage la chose qu'il détient comme sienne et non comme sociale, on ne peut enlever à ses créanciers le gage sur lequel ils ont compté (2). — La chose achetée par un participant avec les fonds de son coparticipant est, selon les principes ordinaires des contrats, la propriété de l'acheteur seul : le bailleur de fonds ne pourrait rien y prétendre au préjudice des tiers; si l'acheteur tombait en faillite, le bailleur ne pourrait pas revendiquer la chose, ni prétendre sur elle un privilége, il n'aurait que les droits d'un créancier pur et simple; ou même si l'affaire, objet de l'association, est consommée, il n'a droit qu'au compte de profits et pertes convenu. Car, l'acheteur a agi non comme mandataire, mais en son propre nom, l'affaire est

---

(1) Si bien, qu'il a été décidé que le participant avait pu valablement hypothéquer la maison par lui apportée en participation. — Néanmoins, il est clair que le participant devra subir les affectations dont les opérations légitimes de l'association grèveront son apport. — Le terme *apport* est même ici impropre.

(2) Mais il va sans dire que le participant aurait ce droit de préférence dans les cas où le droit commun l'accorde à toute personne : ainsi, s'il n'a paru que comme commettant, il pourra exercer la revendication, car il a conservé sa propriété, qui n'est passée ni à une société ni au coparticipant.

sienne. — Mais si l'acheteur ne joue que le rôle d'*institor*, alors à l'égard des tiers il n'est pas maître de l'affaire , il n'est que mandataire, et le bailleur de fonds est commettant; alors la propriété de la chose achetée repose sur la tête du bailleur de qui les tiers ont suivi la foi; (bien que dans leurs rapports intérieurs ce commettant et cet *institor* soient régis par leur convention de participation.)

Entre eux, les participants sont régis par les principes généraux du contrat de société et conformément à leur convention. — Ils se doivent réciproquement bonne foi et bienveillance. — Le participant qui ne traite pas avec les tiers suit la foi de celui qui agit; celui-ci est tenu de ses fautes. — Les contestations entre participants sont soumises à la juridiction arbitrale.— L'existence de l'association peut être établie par toute sorte de preuves, même par la preuve testimoniale , si le juge la permet (49). — A la fin de l'opération, les participants se doivent un compte réciproque, pour partager les profits et les pertes conformément à leur convention.

L'association prend fin — par la consommation de l'affaire spéciale pour laquelle elle avait été contractée, ou par l'événement du terme fixé; — par la perte de l'objet; — par la volonté réciproque des parties; — par la mort ou l'interdiction de l'un des associés : en ce cas, les nouvelles affaires seront uniquement pour l'agissant, qui devra compte des premières; il peut être convenu, expressément ou tacitement, que ces événements ne dissoudront pas l'association, qui continuera , soit avec les héritiers du défunt s'ils y consentent, soit entre les autres participants seulement.

DROIT ADMINISTRATIF.

Du déclassement des matières en ce qui concerne la compétence administrative ou judiciaire.

L'autorité administrative et l'autorité judiciaire sont indépendantes l'une de l'autre : les principes fixent à chacune sa sphère d'action, d'où elle ne doit point sortir. Au pouvoir judiciaire est attribuée exclusivement toute question de droit privé qui ne peut être résolue que par les moyens du droit civil ; et cela, quelles que soient les personnes en cause, même l'Etat, les communes, etc. (sauf l'Etat, unité nationale, à moins qu'on ne conteste ni l'existence ni la cause de la dette). A l'autorité administrative appartient toute discussion entre un droit privé et un intérêt spécial émanant de l'intérêt général. Nul ne peut déroger à cet ordre. La loi seule peut ordonner que par exception telle matière administrative sera jugée par les tribunaux judiciaires, ou réciproquement : alors il y a *déclassement* de matières.

§ Ier. — *Matières administratives qui ont été déclarées judiciaires.*

1. Les contestations concernant le trésor public offrent manifestement les caractères du contentieux administratif ; mais la loi a attribué à l'autorité judiciaire les contestations relatives aux contributions indirectes, à cause des mesures rigoureuses nécessaires contre la fraude et afin d'éviter des accusations incessantes de vexation. — Néanmoins le ministre décide si, d'après la loi, une commune doit être soumise au droit d'entrée, en quelle classe et dans quelles limites ; il révoque, quand il y a lieu, les abonnements de la régie avec les brasseurs dans les villes de plus de 30,000 habitants. Le

conseil de préfecture statué sur le résultat des décomptes des planteurs de tabac. Certaines taxes spéciales, sans être de vraies contributions directes, ont été assimilées à ces dernières et leur contentieux attribué aux conseils de préfecture (par exemple, les prestations pour chemins vicinaux au cas d'insuffisance des revenus ordinaires de la commune, le paiement de certains dommages auxquels la commune a été condamnée, le droit des pauvres sur les spectacles, etc.) — Les octrois municipaux rentrent dans la catégorie des contributions indirectes sous le rapport du dixième que le gouvernement perçoit sur leur produit.

— L'autorité judiciaire connaît de toutes contestations relatives aux droits d'enregistrement, à cause de l'étroit rapport de ces questions avec le droit civil.

2. Le pouvoir disciplinaire qui, en principe, est une attribution administrative, est exercé par les tribunaux sur les magistrats de l'ordre judiciaire, sur les avocats, avoués, notaires et huissiers.

3. Lorsqu'il n'existe pas de réglement administratif, les tribunaux peuvent, suivant l'art. 645 Nap., régler le cours et l'usage des eaux non navigables ni flottables, d'après les titres des parties et le droit commun, et pour ces parties seulement.

4. L'autorité judiciaire a le droit, en prononçant la peine des contraventions de voirie urbaine, d'alignements, des chemins communaux et de cours d'eau non navigables ni flottables, d'ordonner la démolition des ouvrages et le rétablissement des lieux. — Mais c'est à l'administration d'apprécier la nature des travaux. Elle peut aussi procéder d'office à la destruction des ouvrages.

5. La législation spéciale sur la navigation du Rhin offre plusieurs cas particuliers de déclassement.

§ II. — *Matières judiciaires qui ont été déclarées administratives.*

1. Pour des raisons politiques :

1. Le contentieux des biens nationaux a été attribué à l'autorité administrative. Ces biens sont ceux qui furent adjugés à la suite des confiscations prononcées pendant les premières années de la Révolution. A ceux-là seule-

ment s'applique le motif du déclassement, ne pas ébranler par des discussions judiciaires la sécurité des acquéreurs. Le conseil de préfecture connaît des contestations sur la validité ou la nullité des ventes de biens nationaux. Jusque vers 1811, le conseil de préfecture jugeait pleinement la question de propriété suivant tous les moyens du droit. Mais depuis on a reconnu qu'il ne peut que *déclarer* ce qui a été compris dans l'acte, en ne consultant que les termes de l'acte même, pour lui donner par cette déclaration la force qu'on lui contestait ; mais, s'il y a doute sur la signification et l'étendue de ces termes, il ne peut pas interpréter l'acte, y suppléer par d'autres éléments de décision, par des moyens d'instruction du droit civil : il doit alors renvoyer à l'autorité judiciaire qui jugera d'après les moyens de droit commun indépendants des actes administratifs. Ainsi, quand l'acte de vente ne détermine pas une servitude qui est revendiquée, le conseil de préfecture ne peut pas juger qu'elle existe ou non ; il ne peut pas non plus déterminer le sens d'un mot à expliquer d'après les usages locaux. Réciproquement, si dans un procès judiciaire on conteste la validité d'un acte de vente nationale, le tribunal doit surseoir jusqu'à la déclaration administrative sur ce point. Le ministre prononce la déchéance pour défaut de paiement du prix ; il connaît des résultats des décomptes délivrés contre les acquéreurs, de la demande en garantie, etc.

2. 3. La compétence est la même pour la matière des domaines engagés, et pour les ventes faites par la caisse d'amortissement des biens communaux à elle cédés par la loi du 20 mars 1813.

4. Lorsque plusieurs commissions administratives d'hospices découvrent à la fois des biens ou rentes usurpés ou celés au domaine, c'est l'autorité administrative qui décide à laquelle la préférence doit être accordée ; la question de propriété demeurant dans la compétence judiciaire.

5. Le conseil de préfecture statue sur les contestations relatives à la location forcée des halles ou étaux appartenant à des particuliers.

II. Comme complément des actes de tutelle, l'autorité administrative connaît :

1. De toutes les questions de comptabilité des communes, hospices et autres établissements publics. — Mais les tribunaux seuls peuvent prononcer sur la validité et l'exigibilité des dettes.

2. De toutes les contestations relatives aux partages de biens communaux et aux usurpations auxquelles ils donnèrent lieu sous la Révolution. Mais toute question de propriété fondée sur d'autres titres est encore judiciaire.

3. Des contestations des communes sur l'administration de leurs octrois avec ceux qui les ont en régie intéressée, ou avec les fermiers sur le sens des baux.

III. A cause de l'affinité avec le contentieux administratif.

1. L'autorité administrative statue, en matière de forêts, — sur les contestations relatives à la défensabilité et à la possibilité qu'elle seule peut apprécier et auxquelles est subordonné l'exercice des droits d'usage. Pour les bois des particuliers, ces contestations appartiennent aux tribunaux judiciaires. Si le droit d'usage est indépendant de l'état de la forêt, c'est toujours aux tribunaux à statuer sur son existence, d'après les moyens du droit civil. — Sur les besoins communaux qui s'opposent au rachat du droit de pâturage. — Sur la déchéance encourue par l'adjudicataire qui n'a pas fourni caution dans les délais. — Sur l'annulation des procès-verbaux de réarpentage et de récolement pour défaut de forme ou pour fausse énonciation. — Sur les contestations pour la conversion en bois ou l'aménagement en pâturages de terrains appartenant aux communes ou aux établissements publics. — L'administration procède au bornage des bois de l'État, de la couronne, des départements, des communes, des établissements publics, des majorats. Mais les réclamations que soulève cette opération sont portées aux tribunaux civils. — Toutes autres questions de propriété, de jouissance, de servitude ou d'usage sur les forêts, se fondant sur des moyens du droit civil, doivent rester dans la compétence judiciaire, conformément aux principes généraux.

2. L'autorité administrative prononce les amendes pour contraventions de grande voirie.

3. La loi a spécialement déclaré l'administration compétente, relativement aux travaux des chemins vicinaux, quant à l'indemnité due pour extraction de matériaux, dépôt ou enlèvement de terre, occupation temporaire de terrains, autorisés. — (Tous autres cas devraient rentrer dans la

compétence judiciaire ; mais la jurisprudence adopte comme principe incontestable l'assimilation complète de tous travaux communaux à des travaux publics.)

4. La plupart des cahiers des charges annexés aux lois autorisant les chemins de fer attribuent compétence aux conseils de préfecture pour les contestations entre l'administration et la compagnie sur l'interprétation ou l'exécution des clauses.

5. L'autorité administrative statue sur les réclamations contre l'application des limites fixées pour l'exercice des servitudes militaires.

6. Le conseil d'Etat connaît des infractions aux lois qui régissent la Banque de France, des contestations relatives à sa police et à son administration intérieure ; il prononce entre la Banque et les membres de son conseil ou ses agents toute condamnation civile. Ces règles s'appliquent aux succursales.

7. Les biens formant un majorat sont soumis à des règles spéciales. C'est le conseil d'Etat qui a seul en principe la mission de sanctionner par la nullité les aliénations ou affectations contraires aux règles et formes prescrites, d'interpréter l'acte d'institution, de vider les contestations concernant les majorats situés en pays étranger, etc.

8. Touchant les eaux minérales, l'administration prononce sur les questions de propriété entre les communes et l'Etat ; résilie les baux des sources appartenant à l'Etat pour inexécution des conditions et les réadjuge à la folle enchère : (l'ord. 18 juin 1823 n'a pas pu permettre aux communes et établissements publics de déroger par une clause à la juridiction onrmale) ; fixe le tarif du prix des eaux provenant des sources des particuliers ; réprime les contraventions relatives à l'établissement de Barèges.

9. L'administration peut ordonner le déplacement des usines situées su la ligne des douanes, lorsqu'un jugement constate qu'elles ont servi à l contrebande.

IV. Pour des motifs assez difficiles à préciser, l'administration connaît :

1. Des contestations relatives au paiement des mois de nourrice à Paris et des contraventions aux lois sur les bureaux de nourrices.

2. Des contestations entre le caissier et les marchands ou agents des marchés ou de la caisse de Poissy.

3. Des affaires de simple police entre les ouvriers ou apprentis, fabricants et artisans, dans certaines villes.

4. Des réclamations contre la répartition des dettes des anciennes communautés juives.

5. Des contestations sur les comptes et les revenus d'une curé pendant sa vacance, entre l'ancien titulaire ou ses héritiers et le nouveau.

6. Des difficultés en matière de courses de chevaux.

Vu. par le président de la thèse,

Chauveau-Adolphe.

Cette thèse sera soutenue, le 1er août 1854, dans une des salles de la Faculté.

Toulouse, imprimerie BAYRÈT et Cᵉ, rue Peyras, 12.